Il mio libro illustrato bilingue

Min tvåspråkiga bilderbok

Le più belle storie per bambini di Sefa in un unico volume

Ulrich Renz • Barbara Brinkmann:

Dormi bene, piccolo lupo · Sov gott, lilla vargen

Per bambini dai 2 anni in su

Cornelia Haas • Ulrich Renz:

Il mio più bel sogno · Min allra vackraste dröm

Per bambini dai 2 anni in su

Ulrich Renz • Marc Robitzky:

I cigni selvatici · De vilda svanarna

Tratto da una fiaba di Hans Christian Andersen

Per bambini dai 5 anni in su

© 2024 by Sefa Verlag Kirsten Bödeker, Lübeck, Germany. www.sefa-verlag.de

Special thanks to Paul Bödeker, Freiburg, Germany

All rights reserved.

ISBN: 9783756305056

Leggere · ascoltare · capire

Dormi bene, piccolo lupo

Sov gott, lilla vargen

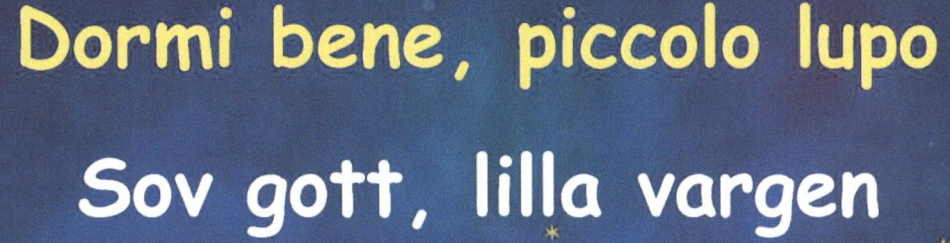

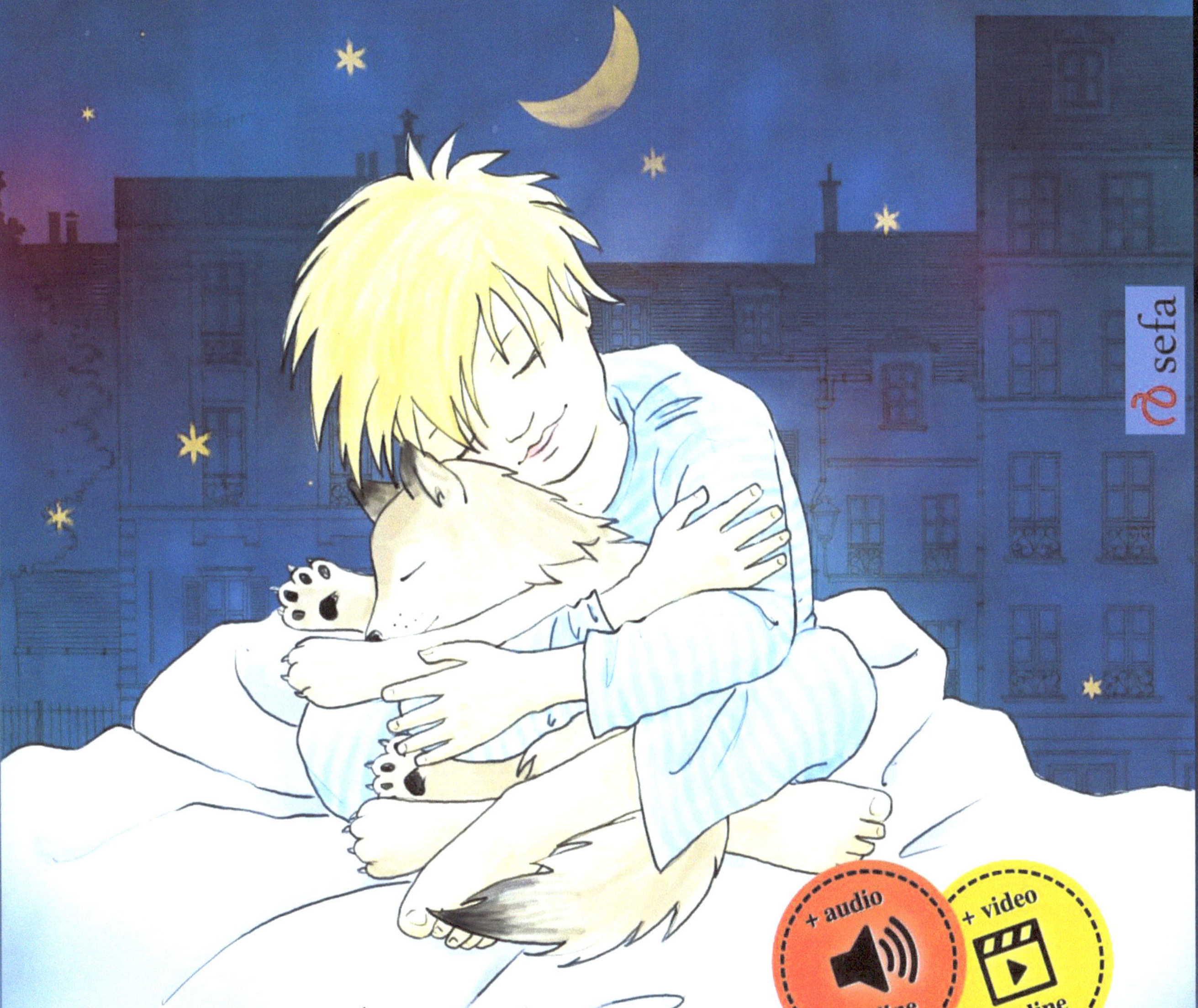

sefa

+ audio online

+ video online

Ulrich Renz / Barbara Brinkmann

italiano bilingue svedese

Traduzione:

Margherita Haase (italiano)

Katrin Bienzle Arruda (svedese)

Audiolibro e video:

www.sefa-bilingual.com/bonus

Accesso gratuito con la password:

italiano: **LWIT1829**

svedese: **LWSV2831**

Buona notte, Tim! Domani continuiamo a cercare.
Adesso però dormi bene!

God natt, Tim! Vi fortsätter att leta imorgon.
Sov nu så gott!

Fuori è già buio.

Det är redan mörkt ute.

Ma cosa fa Tim?

Vad gör Tim där?

Va al parco giochi.

Che cosa sta cercando?

Han går ut till lekplatsen.

Vad är det han letar efter?

Il piccolo lupo.

Senza di lui non riesce a dormire.

Den lilla vargen!

Han kan inte sova utan den.

Ma chi sta arrivando?

Vem är det nu som kommer?

Marie! Lei sta cercando la sua palla.

Marie! Hon letar efter sin boll.

E Tobi cosa cerca?

Och vad letar Tobi efter?

La sua ruspa.

Sin grävmaskin.

E cosa cerca Nala?

Och vad letar Nala efter?

La sua bambola.

Sin docka.

Ma i bambini non devono andare a letto?
Il gatto si meraviglia.

Måste inte barnen gå och lägga sig?
Undrar katten.

E adesso chi sta arrivando?

Vem kommer nu?

La mamma e il papà di Tim.

Senza il loro Tim non riescono a dormire.

Tims mamma och pappa!

Utan deras Tim kan de inte sova.

Ed ecco che arrivano anche altri!
Il papà di Marie. Il nonno di Tobi. E la mamma di Nala.

Och nu kommer ännu fler! Maries pappa.
Tobis morfar. Nalas mamma.

Ma adesso svelti a letto!

Nu skyndar vi oss i säng!

Buona notte, Tim!
Domani non dobbiamo più cercare.

God natt, Tim!
Imorgon behöver vi inte leta mer!

Dormi bene, piccolo lupo!

Sov gott, lilla vargen!

Cornelia Haas • Ulrich Renz

Il mio più bel sogno

Min allra vackraste dröm

Traduzione:

Clara Galeati (italiano)

Narona Thordsen (svedese)

Audiolibro e video:

www.sefa-bilingual.com/bonus

Accesso gratuito con la password:

italiano: `BDIT1829`

svedese: `BDSV2831`

Il mio più bel sogno
Min allra vackraste dröm

Cornelia Haas · Ulrich Renz

italiano · bilingue · svedese

Lulù non riesce ad addormentarsi. Tutti gli altri stanno già sognando – lo squalo, l'elefante, il topolino, il drago, il canguro, il cavaliere, la scimmia, il pilota. E il leoncino. Anche all'orso stanno crollando gli occhi ...

Ehi orso, mi porti con te nel tuo sogno?

Lulu kan inte somna. Alla andra drömmer redan – hajen, elefanten, den lilla musen, draken, kängurun, riddaren, apan, piloten. Och lejonungen. Även björnen kan nästan inte hålla ögonen öppna ... Du björn, kan du ta med mig in i din dröm?

E così Lulù è già nel paese dei sogni degli orsi. L'orso cattura pesci nel lago Tagayumi. E Lulù si chiede chi potrebbe mai vivere là su quegli alberi? Quando il sogno è finito, Lulù vuole provare qualcos'altro. Vieni, andiamo a trovare lo squalo! Che cosa starà sognando?

Och med det så finner sig Lulu i björnarnas drömland. Björnen fångar fisk i Tagayumisjön. Och Lulu undrar, vem skulle kunna bo där uppe i träden? När drömmen är slut vill Lulu uppleva ännu mer. Följ med, vi hälsar på hajen! Vad kan han drömma om?

Lo squalo sta giocando ad acchiapparella con i pesci. Finalmente ha degli amici! Nessuno ha paura dei suoi denti aguzzi.

Quando il sogno è finito, Lulù vuole provare qualcos'altro. Venite, andiamo a trovare l'elefante! Che cosa starà sognando?

Hajen leker tafatt med fiskarna. Äntligen har han vänner! Ingen är rädd för hans spetsiga tänder.

När drömmen är slut vill Lulu uppleva ännu mer. Följ med, vi hälsar på elefanten! Vad kan han drömma om?

L'elefante è leggero come una piuma e può volare! Sta per atterrare sul prato celeste.

Quando il sogno è finito, Lulù vuole provare qualcos'altro. Venite, andiamo a trovare il topolino! Che cosa starà sognando?

Elefanten är lika lätt som en fjäder och kan flyga! Snart landar han på den himmelska ängen.

När drömmen är slut vill Lulu uppleva ännu mer. Följ med, vi hälsar på den lilla musen! Vad kan hon drömma om?

Il topolino sta guardando la fiera. Gli piacciono particolarmente le montagne russe.

Quando il sogno è finito, Lulù vuole provare qualcos'altro. Venite, andiamo a trovare il drago! Che cosa starà sognando?

Den lilla musen är på ett tivoli. Mest gillar hon berg- och dalbanan. När drömmen är slut vill Lulu uppleva ännu mer. Följ med, vi hälsar på draken. Vad kan hon drömma om?

Il drago, a furia di sputare fuoco, ha sete. Gli piacerebbe bersi l'intero lago di limonata.

Quando il sogno è finito, Lulù vuole provare qualcos'altro. Venite, andiamo a trovare il canguro! Che cosa starà sognando?

Draken är törstig av att ha sprutat eld. Hon skulle vilja dricka upp hela sockerdrickasjön.

När drömmen är slut vill Lulu uppleva ännu mer. Följ med, vi hälsar på kängurun! Vad kan hon drömma om?

Il canguro sta saltando nella fabbrica di dolciumi e si riempe il marsupio.
Ancora caramelle blu! E ancora lecca-lecca! E cioccolata!
Quando il sogno è finito, Lulù vuole provare qualcos'altro. Venite, andiamo a trovare il cavaliere! Che cosa starà sognando?

Kängurun hoppar genom godisfabriken och stoppar sin pung full. Ännu fler av de blåa karamellerna! Och ännu fler klubbor! Och choklad!

När drömmen är slut vill Lulu uppleva ännu mer. Följ med, vi hälsar på riddaren. Vad kan han drömma om?

Il cavaliere sta facendo una battaglia di torte con la principessa dei suoi sogni. Oh! La torta alla panna va nella direzione sbagliata!
Quando il sogno è finito, Lulù vuole provare qualcos'altro. Venite, andiamo a trovare la scimmia! Che cosa starà sognando?

Riddaren har tårtkrig med sin drömprinsessa. Oj! Gräddtårtan missar! När drömmen är slut vill Lulu uppleva ännu mer. Följ med, vi hälsar på apan! Vad kan han drömma om?

Finalmente ha nevicato in Scimmialandia! L'intera combriccola di scimmie non sta più nella pelle e si comportano tutte come in una gabbia di matti. Quando il sogno è finito, Lulù vuole provare qualcos'altro. Venite, andiamo a trovare il pilota! In che sogno potrebbe essere atterrato?

Äntligen har det snöat i aplandet! Hela apgänget är helt uppspelta och gör rackartyg.

När drömmen är slut vill Lulu uppleva ännu mer. Följ med, vi hälsar på piloten! I vilken dröm kan han ha landat i?

Il pilota vola e vola ancora. Fino ai confini della terra e ancora più lontano, fino alle stelle. Non ce l'ha fatta nessun altro pilota.
Quando il sogno è finito, sono già tutti molto stanchi e non vogliono più continuare a provare così tanto. Però il leoncino, vogliono ancora andare a trovarlo. Che cosa starà sognando?

Piloten flyger och flyger. Ända till världens ände och ännu längre, ända till stjärnorna. Ingen pilot har någonsin klarat av detta tidigare.

När drömmen är slut så är alla väldigt trötta och känner inte för att uppleva mycket mer. Men lejonungen vill de fortfarande hälsa på. Vad kan hon drömma om?

Il leoncino ha nostalgia di casa e vuole tornare nel caldo, accogliente letto.
E gli altri pure.

E là inizia ...

Lejonungen har hemlängtan och vill tillbaka till sin varma mysiga säng.
Och de andra med.

Och där börjar ...

... il più bel sogno
di Lulù.

... Lulus
allra vackraste dröm.

Ulrich Renz • Marc Robitzky

I cigni selvatici
De vilda svanarna

Traduzione:

Emanuele Cattani, Clara Galeati (italiano)

Narona Thordsen (svedese)

Audiolibro e video:

www.sefa-bilingual.com/bonus

Accesso gratuito con la password:

italiano: **WSIT1829**

svedese: **WSSV2831**

Ulrich Renz · Marc Robitzky

I cigni selvatici

De vilda svanarna

Tratto da una fiaba di

Hans Christian Andersen

italiano — bilingue — svedese

C'erano una volta dodici figli di un re – undici fratelli ed una sorella più grande, Elisa. Vivevano felici in un bellissimo castello.

Det var en gång tolv kungabarn—elva bröder och en storasyster, Elisa. De levde lyckliga i ett underbart vackert slott.

Un giorno la madre morì, e poco tempo dopo il re si risposò. La nuova moglie però era una strega cattiva. Con un incantesimo, trasformò gli undici principi in cigni e li mandò molto lontano, in un Paese al di là della grande foresta.

En dag dog modern, och efter en tid gifte sig kungen på nytt. Men den nya kvinnan var en elak häxa. Hon förtrollade de elva prinsarna så att de blev svanar och skickade dem långt bort till ett fjärran land bakom den stora skogen.

Vestì la ragazza di stracci e le spalmò sul volto un orribile unguento, tanto che nemmeno il padre riuscì più a riconoscerla e la cacciò dal castello. Elisa corse nella foresta tenebrosa.

Flickan klädde hon i trasor och smörjde in henne med en ful salva i ansiktet så att den egna fadern inte längre kände igen henne och jagade bort henne från slottet. Elisa sprang in i den mörka skogen.

Ora era completamente sola, e desiderava con tutto il cuore rivedere i suoi fratelli scomparsi. Quando venne la sera, si fece un letto di muschio sotto un albero.

Nu var hon helt ensam och längtade efter hennes försvunna bröder med hela sitt hjärta. När det blev kväll bäddade hon en säng av mossa under träden.

La mattina dopo giunse ad un lago calmo, e rimase sconcertata nel vedere il proprio riflesso nell'acqua. Ma appena si pulì, divenne la più bella principessa sulla faccia della terra.

Nästa morgon kom hon fram till en lugn sjö och blev förskräckt när hon däri såg sin spegelbild. Men efter att hon hade tvättat sig var hon det vackraste kungabarnet på jorden.

Molti giorni dopo, Elisa raggiunse il grande mare. Tra le onde, oscillavano undici piume di cigno.

Efter många dagar nådde Elisa det stora havet. På vågorna gungade elva svanfjädrar.

Quando il sole tramontò, ci fu un fruscio nell'aria, e undici cigni si posarono sull'acqua. Elisa riconobbe immediatamente i propri fratelli stregati. Ma dato che parlavano la lingua dei cigni, lei non li poté capire.

När solen gick ner hördes ett sus i luften och elva vilda svanar landade på vattnet. Elisa kände genast igen sina förtrollade bröder. Men för att dom talade svanspråket kunde hon inte förstå dem.

Durante il giorno i cigni volavano via, e la notte si accoccolavano tutti assieme alla sorella in una grotta.

Una notte, Elisa fece uno strano sogno. Sua madre le disse come avrebbe potuto liberare i suoi fratelli. Avrebbe dovuto tessere delle camicie di ortiche per ognuno di loro e poi lanciargliele. Fino a quel momento però, non le era concesso dire una sola parola, altrimenti i suoi fratelli sarebbero morti. Elisa si mise immediatamente al lavoro. Sebbene le mani le bruciassero, continuò a tessere senza stancarsi.

På dagen flög svanarna bort, under natten kurade syskonen ihop sig i en grotta.

En natt hade Elisa en besynnerlig dröm: Hennes mor sade till henne hur hon kunde befria sina bröder. Av nässlor skulle hon sticka en skjorta för varje svan och dra den över den. Men tills dess får hon inte tala ett enda ord, annars måste hennes bröder dö.
Elisa började genast med arbetet. Trots att hennes händer sved som brända med eld stickade hon outtröttligt.

Un giorno, si sentirono corni da caccia in lontananza. Un principe venne cavalcando con il suo seguito e presto le fu di fronte. Non appena i due si guardarono negli occhi, si innamorarono.

En dag ljöd jakthorn i fjärran. En prins kom ridande med sitt följe och stod snart framför henne. När de såg in i varandras ögon blev de förälskade i varandra.

Il principe fece salire Elisa sul cavallo e la condusse al proprio castello.

Prinsen lyfte upp Elisa på sin häst och red med henne till sitt slott.

Il potente tesoriere fu tutto fuorché felice dell'arrivo della principessa muta. La propria figlia sarebbe dovuta diventare la sposa del principe.

Den mäktige skattmästaren var allt annat än glad över ankomsten av den stumma vackra. Hans egen dotter skulle bli prinsens brud.

Elisa non si era dimenticata dei suoi fratelli. Ogni sera continuava il suo lavoro sulle camicie. Una notte uscì per andare al cimitero a cogliere delle ortiche fresche. Il tesoriere la osservò di nascosto.

Elisa hade inte glömt sina bröder. Varje kväll fortsatte hon att arbeta med skjortona. En natt gick hon ut till kyrkogården för att hämta färska nässlor. Samtidigt blev hon hemligt iakttagen av skattmästaren.

Non appena il principe partì per una battuta di caccia, il tesoriere gettò Elisa nelle segrete. Affermò che fosse una strega che si incontrava con altre streghe durante la notte.

Så snart som prinsen var på en jaktutflykt lät skattmästaren slänga Elisa i fängelsehålan. Han hävdade att hon var en häxa som mötte andra häxor på natten.

All'alba, Elisa venne presa da delle guardie, per venir poi bruciata nella piazza del mercato.

I gryningen blev Elisa hämtad av vakterna. Hon skulle brännas på torget.

Non appena fu lì, arrivarono undici cigni bianchi volando. Elisa lanciò rapidamente una camicia a ciascuno di loro. Poco dopo, tutti i suoi fratelli si trovarono dinanzi a lei con sembianze umane. Solo il più piccolo, la cui camicia non era stata del tutto completata, mantenne un'ala al posto di un braccio.

De hade knappast kommit fram när plötsligt elva vita svanar kom flygande. Snabbt drog Elisa en nässelskjorta över var och en. Snart stod alla hennes bröder framför henne som människofigurer. Bara den yngsta, vars skjorta inte hade blivit helt färdig, behöll en vinge istället för en arm.

I fratelli si stavano ancora baciando e abbracciando quando arrivò il principe. Finalmente Elisa gli poté spiegare tutto. Il principe fece rinchiudere il tesoriere malvagio nelle segrete. Dopodiché, si celebrò il matrimonio per sette giorni.

E vissero tutti felici e contenti.

Syskonens kramande och pussande hade inte tagit slut än när prinsen kom tillbaka. Äntligen kunde Elisa förklara alltihopa. Prinsen lät den elake skattmästaren slängas i fängelsehålan. Och sedan firade de bröllop i sju dagar.

Och så levde de lyckliga i alla sina dagar.

Hans Christian Andersen

Hans Christian Andersen nacque nella città danese di Odense nel 1805 e morì nel 1875 a Copenaghen. Divenne famoso in tutto il mondo con le sue fiabe letterarie come „La Sirenetta", „I vestiti nuovi dell'imperatore" e „Il brutto anatroccolo". Il racconto in questione, „I cigni selvatici", fu pubblicato per la prima volta nel 1838. È stato tradotto in più di cento lingue e adattato a una vasta gamma di media, tra cui il teatro, il cinema e il musical.

Barbara Brinkmann è nata a Monaco di Baviera (Germania) nel 1969. Ha studiato architettura a Monaco e attualmente lavora alla facoltà di architettura dell'Università Tecnica di Monaco. Lavora anche come grafica, illustratrice e autrice.

Cornelia Haas è nata nel 1972 vicino ad Augusta (Germania). Ha studiato design all'Università di Scienze Applicate di Münster e si è laureata in design. Dal 2001 illustra libri per bambini e ragazzi e dal 2013 insegna pittura acrilica e digitale all'Università di Scienze Applicate di Münster.

Marc Robitzky, nato nel 1973, ha studiato alla Scuola Tecnica d'Arte di Amburgo e all'Accademia di Arti Visive di Francoforte. Lavora come illustratore freelance e designer della comunicazione ad Aschaffenburg (Germania).

Ulrich Renz è nato a Stoccarda nel 1960. Dopo aver studiato letteratura francese a Parigi, ha completato gli studi di medicina a Lubecca e ha lavorato come direttore in una casa editrice scientifica. Oggi Renz è un autore indipendente e scrive libri per bambini e ragazzi oltre a libri di saggistica.

Ti piace disegnare?

Qui puoi trovare tutte le immagini della storia da colorare:

www.sefa-bilingual.com/coloring